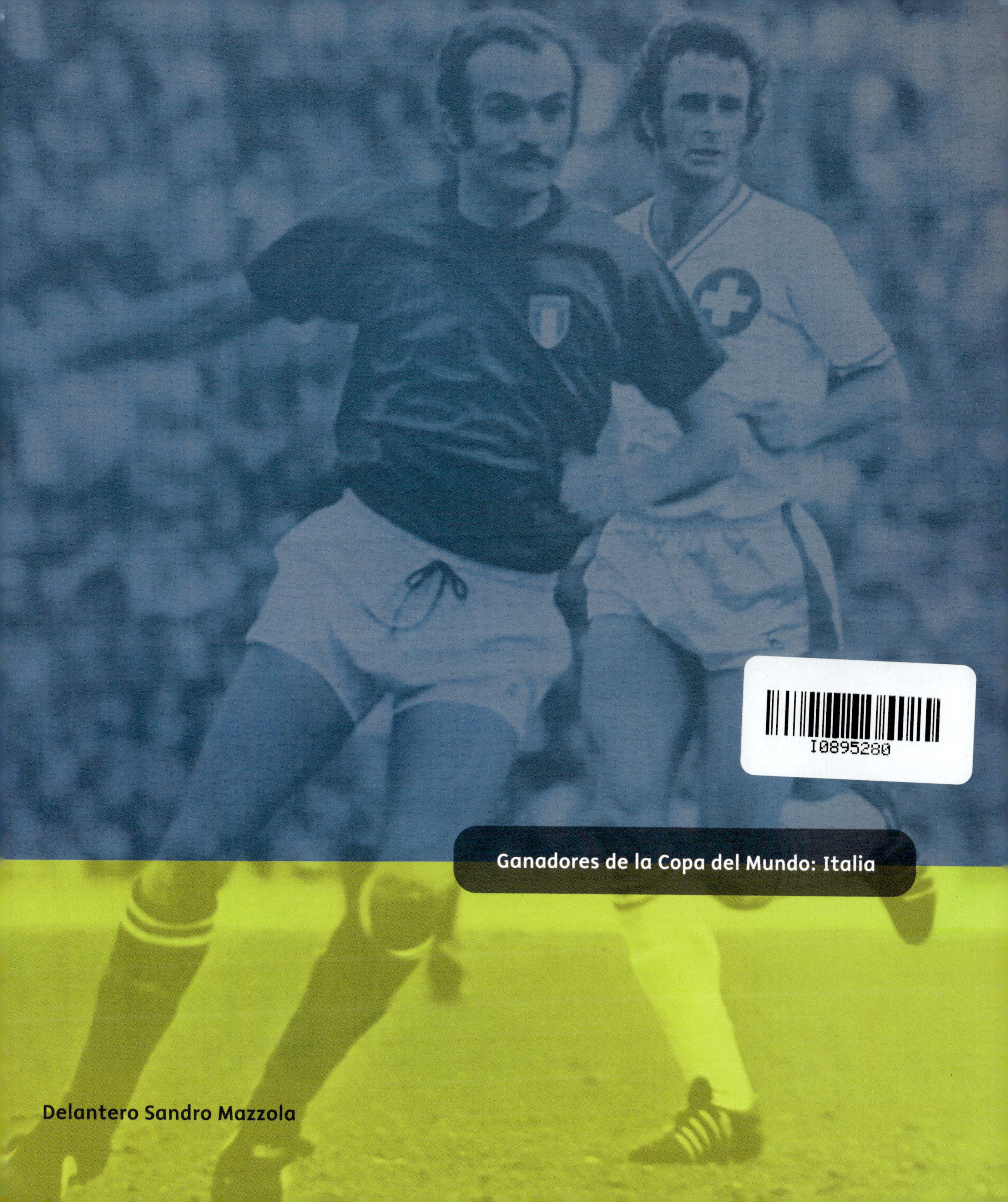

Ganadores de la Copa del Mundo: Italia

Delantero Sandro Mazzola

Mediocampista Andrea Pirlo

GANADORES DE LA COPA DEL MUNDO

ITALIA

JAMES BARRY

CREATIVE EDUCATION / CREATIVE PAPERBACKS

Publicado por Creative Education y Creative Paperbacks
P.O. Box 227, Mankato, Minnesota 56002
Creative Education y Creative Paperbacks
son sellos editoriales de The Creative Company
www.thecreativecompany.us

Diseño de Blue Design (www.bluedes.com)

Imágenes de Getty Images/Alessandro Sabattini, 19, Claudio Villa, 5, Image Photo Agency, portada, 7, Jerome Prevost, 6, Luca Rossini/NurPhoto, 20, Mark Leech/Offside, 3, 10, 16, Richard Sellers/Allstar, 2, Steve Powell, 15; Unsplash/ Rebe Adelaida, 9; Wikimedia Commons/Biser Todorov, 24, dominio público, 1, 4, 12
Se ha hecho todo lo posible por contactar con los titulares de los derechos de autor del material reproducido en este libro. Cualquier omisión será rectificada en impresiones posteriores si se notifica al editor.

Library of Congress Cataloging-in-Publication Data
Names: Barry, James (Author of children's books), author.
Title: Italia / James Barry.
Other titles: Italy. Spanish
Description: Mankato, Minnesota : Creative Education and Creative Paperbacks, [2026] | Series: Creative Sports. Ganadores de la Copa del Mundo | Includes index. | Audience: Ages 7-10 years | Audience: Grades 2-3 | Text in North American Spanish. | Summary: "Italy has won four FIFA World Cups-second only to soccer giant Brazil! This elementary-level title, translated into North American Spanish, follows the "Azzurri" through thrilling soccer action as they seek a fifth FIFA World Cup"— Provided by publisher.
Identifiers: LCCN 2024053984 (print) | LCCN 2024053985 (ebook) | ISBN 9798889899020 (lib. bdg.) | ISBN 9781682779422 (paperback) | ISBN 9798889899815 (ebook)
Subjects: LCSH: Soccer—Italy—History—Juvenile literature. | Italia (Soccer team)—Juvenile literature. | Pozzo, Vittorio, 1937—Juvenile literature. | World Cup (Soccer) (1934 : Italy)—Juvenile literature. | World Cup (Soccer) (1938 : France)—Juvenile literature. | World Cup (Soccer) (1982 : Spain)—Juvenile literature. | World Cup (Soccer) (2006 : Germany)—Juvenile literature. | Fédération internationale de football association—Juvenile literature.
Classification: LCC GV944.I8 B37718 2026 (print) | LCC GV944.I8 (ebook) | DDC 796.3340945--dc23/eng/20241227

Impreso en la India

Portero Gianluigi Buffon

Lateral izquierdo Paolo Maldini

CONTENIDO

El país del equipo

Italia es un país en el sur de Europa. Su capital es Roma. Es una de las ciudades más antiguas y grandes del mundo. Italia tiene más de 3.000 museos.

El fútbol es, por mucho, el deporte más popular en Italia. Todo el país se une para apoyar a la selección nacional. Es uno de los pocos equipos que ha ganado la Copa del Mundo. La Copa del Mundo es un torneo de fútbol a nivel mundial. Los países forman equipos con sus mejores jugadores. Cada cuatro años, compiten para convertirse en campeones del mundo.

ITALIA

Mediocampista ofensivo Roberto Baggio

Tradiciones del equipo

La selección nacional de Italia es conocida como "la Azzurri" (los "Azules") por su camiseta azul. El equipo es famoso por su estilo de juego defensivo. Los entrenadores de Italia han construido muchas grandes defensas a lo largo de los años. Los fanáticos van a los partidos vestidos con los colores del equipo. Algunos de ellos agitan banderas y cantan canciones del equipo durante los 90 minutos. Alemania, Francia y Brasil son algunos de los **rivales** de Italia.

Delantero Angelo Schiavio

Historia del equipo

La década de 1930 fue la primera gran época para el fútbol italiano. El entrenador Vittorio Pozzo dirigió al equipo. Italia ganó la primera Copa del Mundo en la que participó en 1934. Derrotó a Checoslovaquia 2-1 en la prórroga. El **delantero** Angelo Schiavio anotó el gol de la victoria en el minuto 95.

La Azzurri defendió el título en 1938. Venció a Hungría 4-2 para ganar su segunda Copa del Mundo consecutiva. Italia es el único equipo en ganar dos Copas del Mundo bajo el mismo entrenador.

Italia llegó a su siguiente final de la Copa del Mundo en 1970. Pero perdió ante Brasil. No fue hasta 1982 que Italia ganó su tercera Copa del Mundo. Derrotó a Alemania Occidental 3-1. El capitán el equipo fue el portero Dino Zoff. Sigue siendo el ganador de la Copa del Mundo de mayor edad, con más de 40 años. El delantero Paolo Rossi anotó seis goles en el torneo. Ganó el **Balón de Oro**.

Italia llegó a otra final de la Copa del Mundo en 1994. Pero perdió ante Brasil. Fue la primera Copa del Mundo decidida por penales. Fue una derrota desgarradora para Italia.

equipo celebra su tercera victoria en la Copa del Mundo, 1982.

Defensor central Fabio Cannavaro en la Copa del Mundo de 2006

ITALIA

La Azzurri se recuperó en la Copa del Mundo de 2006. Llegaron a otra final. Se enfrentaron a un gran equipo de Francia. De nuevo, se definió por penales. Esta vez, Italia aseguró la victoria. Fue su cuarta Copa del Mundo.

Estrellas del equipo

Italia ha tenido muchas grandes estrellas en su historia. Giuseppe Meazza lideró al equipo en sus Copas del Mundo consecutivas en la década de 1930. Ganó el Balón de Oro en 1934. Gianni Rivera ganó el **Ballon d'Or** en 1969. Su apodo era el "Chico de Oro". Comenzó su carrera profesional en el fútbol a los 15 años. Roberto Baggio fue un legendario mediocampista ofensivo. Es el único italiano en anotar en tres Copas del Mundo.

Delantero Luigi Riva (izquierda) y mediocampista ofensivo Gianni Rivera (derecha)

Mediocampista Nicolo Barella

Fabio Cannavaro ayudó a liderar a Italia hacia su cuarta Copa del Mundo en 2006. Es el único defensor en ganar el premio al Jugador del Año. El **mediapunta** Andrea Pirlo era conocido por su creatividad. Gianluigi Buffon es uno de los mejores porteros de todos los tiempos. Jugó 176 partidos para Italia. El mediocampista Nicolo Barella es uno de los mejores jugadores de Italia hoy en día. Los fanáticos esperan que pueda ayudar a Italia a ganar otra Copa del Mundo pronto.

Acerca de la selección nacional de Italia

Primer año: 1910

Colores del equipo: azul Saboya, azul oscuro, blanco

Estadio local: Stadio Olimpico

VICTORIAS EN LA COPA DEL MUNDO:

1934, 2-1 contra Checoslovaquia

1938, 4-2 contra Hungría

1982, 3-1 contra Alemania Occidental

2006, 1-1, derrotó a Francia 5-3 en los penales

SITIO WEB DEL EQUIPO:

https://www.figc.it/en/national-teams/azzurri/national-team/team/

Glosario

Ballon d'Or: un premio otorgado cada año al mejor jugador de fútbol del mundo

Balón de Oro: un premio otorgado al mejor jugador de cada Copa del Mundo

delantero: un jugador que juega cerca de la portería del equipo contrario y es responsable de marcar

mediapunta: un jugador que controla el flujo del juego y realiza pases que conducen a goles

rival: un equipo que juega muy duro contra otro equipo

La selección nacional de Italia, 2012

Índice alfabético